I0394133

DIESES BUCH GEHÖRT:

www.ingramcontent.com/pod-product-compliance
Lightning Source LLC
Chambersburg PA
CBHW021846170526
45157CB00007B/2966
* 9 7 8 1 0 7 4 8 1 6 5 5 1 *